Merci aux sociétés et organisations qui ont rendu la production de ce livre possible;

Phnom Penh Eternelle

PORTRAIT D'UNE VILLE AU PASSÉ TOUJOURS PRÉSENT

VILLES
éternelles

Publié à Hong Kong par Les Editions d'Indochine, Fortune Image Ltd.
Photographies: Thomas Renaut
Texte: Richard Werly

Toutes les photographies sont distribuées par l'agence de photographie
ASA PRESS à Bangkok.
Tel: 662 - 234 97 81 Fax: 662 - 237 57 59

Pour toute information concernant la distribution ou diffusion de cet ouvrage,
fax: (662) 237 5759.

Développement des films: AV Camera, Bangkok - Tel (662) 234 4786
Conception graphique: ASA Studio, Bangkok - Tel (662) 234 9781
Mise en page: Xtra image, Bangkok - Tel (662) 275 2585
Gravure: Eastern Express, Bangkok
Impression: Eastern Printing, Bangkok

Editeurs: Thomas Renaut et Marc Wiltz
Editeur photo: Roland Neveu
Coordination du projet: Francesca Leandri

ISBN 962-7996-20-3
N° d'éditeur: 7996

Remerciements:
Merci à tous les amis et organisations qui ont rendu la publication de ce livre possible, notamment à Alexandra pour ses encouragements continuels, Bernard Brugère pour son soutien, Ko et sa famille pour son accueil, Benoît Duchateau et les enfants de Krousar Thmey pour la découverte de leur ville, Serge Corrieras et Yves Poupon pour leur soutien amical.

Phnom Penh Eternelle

Photographies de Thomas Renaut
Texte de Richard Werly

Preface de Jean Lacouture

une collection de livres proposée par

Les Editions d'Indochine

Hommage aux capitales indochinoises

Essayons d'imaginer les villes et les bourgades en Indochine au milieu du XIXe siècle, de la Cochinchine au bord du Mékong. Reflets de civilisations raffinées, où les grandeurs khmères s'alliaient à l'ingéniosité vietnamienne et aux génies du grand fleuve venu des hauteurs du Thibet, c'étaient à coup sûr de charmantes agglomérations, fourmillantes de vie, rutilantes de végétation où éclataient les fleurs de ce qu'on n'appelait pas encore "les filles du consul".
On commençait à employer le vocable d'Indochine forgé quelques années plus tôt par le géographe danois Malte-Brun. Le concept de Vietnam était plus flou, ou en tout cas sa projection géographique: refoulant le peuplement khmer, les hommes laborieux venus de Hanoï et de Hué s'installaient dans le delta du Mékong pour offrir à Gia Long un empire copieux - aux dépens du domaine des rois du Kampuchea, descendants des bâtisseurs d'Angkor.
Le monde encore incertain de ses solidarités et de ses virtualités que le défi colonial a contribué à regrouper et à réveiller, je l'ai pour ma part découvert au lendemain de la guerre - je veux dire de la 2ème guerre mondiale - et à la veille des grandes convulsions d'où ont émergé, indépendants mais tout couturés de cicatrices, le Vietnam, le Laos et le Cambodge.

Saigon, à peu près épargnée par le conflit mondial, grouillant de troupes venues de tous les horizons et porteuses d'uniformes japonais autant que britanniques, gurkhas ou français, souriait encore à travers ses angoisses et ses appréhensions, moins belle qu'enjôleuse, mais aussi charmante qu'envoûtante, juteuse comme une mangue mûre, pulpeuse comme le premier latex. Les flamboyants nous éblouissaient, et l'architecture coloniale, où dominaient l'ocre et la tuile, nous parlait comme un récit de Dorgelès ou un reportage du très jeune Malraux.
Qui n'a pas connu Saigon de ces années-là, avant que la guerre française, puis américaine, la transforme en très louche arrière-cuisine de combats douteux, n'a pas connu le parfum de la rencontre aventureuse et de la flânerie pimentée de risques. Trop d'hommes mouraient déjà alentour, et les interventions étrangères étaient trop contestables, pour que l'on ose parler du "bon temps". Mais de ce charme vénéneux, de ce que j'appellerai le temps du datura, je veux témoigner: c'est là que l'adolescent attardé que j'étais a tenté de comprendre une autre culture, une autre sensibilité, d'autres "droits". Et cela ne peut être oublié, en visitant aujourd'hui la cité géante accouchée par deux guerres...

Phnom Penh était le rêve permanent que nous

faisions à Saigon - d'une capitale en paix au bord du fabuleux Mékong. Quand, après quatre ou cinq mois d'attente, j'ai enfin pénétré dans la cité où régnait gaiement un roi nommé Norodom Sihanouk Varman, j'ai cru défaillir de bonheur: que Phnom Penh était belle, riante, ample et libre, spacieuse et verte, que la marche y était élastique et fringante, avant que s'abatte sur elle l'ignoble malédiction de Pol Pot et de ses assassins...
Bien sûr, on sentait chez les plus valeureux des jeunes gens, une vive impatience: la main de la France était encore trop lourde, au moins jusqu'à la "croisade royale" de 1953 et la montée vers le pouvoir de ces jeunes révolutionnaires qui s'appelaient Hou Youn et Chau Seng et allaient mourir sous les matraques de leurs anciens camarades de l'Angkar.
Mais il n'était pas de sujet que l'on n'abordât franchement, dans les guinguettes des bords du Tonlé Sap, ou dans les jolis petits restaurants du marché, à côté de la gare. Le jeune Cambodge avait des fourmis dans le corps, un bel appétit à vivre, et sa capitale aux formes voluptueuses, étendue au bord du fleuve et du lac comme une déesse de l'amour, incitait à l'espoir.

J'ai beaucoup moins connu Vientiane, en raison de la robuste sagesse laotienne qui ne se pressait pas de bousculer le cours de l'histoire: mes séjours les plus nombreux au royaume du million d'éléphants eurent pour cadre la plaine des Jarres, où les trois princes Souvanna Phouma, Souphannouvong et Boun Oum tentaient d'accorder, non sans frictions, leurs vues.
Comment s'appelait le petit hôtel de la capitale laotienne où nous faisions escale, impatients de finir notre riz aux crevettes pour aller flâner le long du Mékong où le soleil n'en finissait plus de caresser les eaux rose et ocre... Nous planifions des reportages qui nous permettaient d'admirer les femmes thaï au corsage si haut, aux gestes merveilleux de simple grâce...
Vientiane a-t-elle changé autant que Saigon et Phnom Penh? Je ne sais. Mais quand une ville est à ce point le reflet de son fleuve, il faudrait arrêter le cours des eaux pour l'enlaidir. Et qui oserait enchaîner le Mékong?

Mais pour tout dire, aucune cité d'Indochine ne m'émeut, ou me charme, ne m'attache plus que le fait Hanoi, où, mieux qu'ailleurs, j'ai vu se faire l'histoire de l'Indochine contemporaine, en cette extraordinaire année 1946 où le destin oscilla constamment entre la paix et la guerre. La paix, si proche et si difficile, la guerre atroce dont nous ne pouvions imaginer qu'elle durerai trente ans.

Revenant à Hanoi voici deux ans, j'ai retrouvé intact mon cher petit Lac, le temple des Lettrés, la rue de la Soie, les cyclistes innombrables qui fendent l'air comme des libellules héroïques... Hanoi la brave et la fidèle, Hanoi qui marche à petits pas vers la paix véritable...

Jean Lacouture, Paris, 18 avril 1995

Sommaire

ville éternelle p. 9

architecture p. 25

traditions p. 51

religion p. 77

"Vingt six Janvier 1979, 8 heures 35 du matin: arrivés à l'aéroport de Pochentong à 12 kilomètres du centre-ville, nous utilisons un bus pour nous y rendre. Impression de désert absolu. Les maisons sont plus ou moins intactes mais plus personne ne les habite. Strictement personne! Quelques épaves de voitures gisent le long des trottoirs. Les axes principaux sont gardés par des automitrailleuses. Le calme est absolu. Oui, un vrai désert!" Ainsi était Phnom Penh lorsque l'historien français Alain Ruscio (1) et quelques autres observateurs étrangers purent retourner les premiers dans la

une ville longtemps ignorée par l'histoire de son propre pays

capitale cambodgienne fraîchement reconquise aux Khmers Rouges par l'Armée Populaire vietnamienne. Histoire connue, ressassée, dont des milliers de photos jaunies gardent désormais la trace. Epilogue de l'un des derniers grands cauchemars politico-humanitaires de ce siècle. Et marque au fer rouge apposée sur une ville longtemps ignorée par l'histoire de son propre pays, dont le coeur éternel bat encore aujourd'hui à 200 kilomètres de là: dans les ruines des temples d'Angkor, berceau de l'empire khmer.

Comment cela fut-il possible? Comment ces rues baignées des couleurs du soleil couchant purent-elles abriter le plus tragique des théâtres d'ombres? Comment deviner que ces palétuviers plantés sur les rives du Mékong furent hier mis en terre par des brigades d'hommes en pyjamas noirs portés au pouvoir au Cambodge le 17 avril 1975 par le vent mauvais de la guerre du Vietnam? Inconcevable. Inimaginable pour qui se promène aujourd'hui sur la berge du fleuve où de jeunes marchandes de maïs, de fruits ou de mangues vertes aguichent de leurs sourires les clients étrangers. Impensable pour qui se laisse bercer, sur ces quais égayés de restaurants flottants, par les guirlandes de lampes multicolores dessinant en pleine nuit des esquifs de lumière. Rouge, bleu, jaune, vert. Une gerbe d'étincelles électriques, baignée par l'écho strident des dancings, a succédé à l'assourdissant vacarme des obus qui venaient s'écraser chaque nuit sur la berge opposée du Mékong.
Vingt ans après, à peine sortie d'une opération de paix qui vit l'ONU placer le Cambodge sous sa tutelle, Phnom Penh renaît, Phnom Penh revit.

elle devint rapidement un carrefour d'échanges sur l'extérieur

UNE VILLE LIÉE AU MÉKONG

Fondée en 1436 par le roi Ponhea Yat chassé d'Angkor par les coups de boutoir des envahisseurs siamois, Phnom Penh ne devint la capitale du royaume du Cambodge que quatre siècles plus tard en 1866, par la grâce du roi Norodom, sacré sept ans auparavant sur la colline d'Oudong à la mort de son père le monarque An Duong. Les premières gravures, ramenées à Paris en 1873 par la mission d'exploration conduite par le lieutenant Garnier, représentent une bourgade de huttes et quelques pagodes cachées derrière un rideau de verdure. Pour la France coloniale, c'est une bien lointaine possession que ce protectorat imposé en 1863 au Cambodge. Conquérants de Tourane (Da Nang) et maîtres de Saigon, les amiraux français remontèrent à Phnom Penh par le Mékong. En s'y installant, ils offrirent au roi khmer une villégiature alliant sécurité et gages de prospérité. Alors capitale d'un royaume d'un million d'habitants, on sait au moins une chose de cette ancienne Phnom Penh; malgré sa faible population de 10 000 habitants seulement, elle devint rapidement un carrefour d'échanges sur l'extérieur. Par le Mékong, seul axe viable de pénétration vers les hautes terres khmères dévorées par la jungle, des barges chargées d'hommes et de marchandises vinrent s'y ancrer chaque jour davantage. Pressés de saisir les opportunités commerciales du Cambodge encore vierge, Siamois, Malais, Annamites, Indiens ou Européens en quête d'aventure et d'or, affluèrent sur les quais de la capitale khmère. La poussée urbaine se fit sentir très vite. Construite à l'origine sur des marécages comme une cité lacustre, traversée de canaux, Phnom Penh ouvrit les bras au fleuve et en transforma les rives en quais affairés de petite ville portuaire. Hôtels, entrepôts, bâtiments administratifs prirent pied sans attendre sur les berges de terre où la première rue de la

la couleur ocre redonne à la cité sa personnalité d'antan

nouvelle cité fut bientôt baptisée.

Est-ce en raison de l'importance du fleuve dans l'histoire de la ville? Est-ce ce flot d'immigrés qui, très rapidement débarqué des péniches, finit par se mêler aux Cambodgiens de souche? Phnom Penh a gardé de ce siècle passé le côté bigarré d'une ville méditerrannéenne. La vie peut être douce dans cette cité blessée où la folie des hommes a trop souvent réduit des constructions splendides en squelettes de béton. Douce comme la couleur ocre des demeures coloniales qui, incendiées de soleil, redonnent peu à peu à l'agglomération sa personnalité d'antan. Il n'est que de croiser à l'écart d'une rue une escouade d'ouvriers affairés à restaurer un temple pour y faire derechef une photo splendide. Contraste des visages bruns, des vêtements colorés, des tuiles vernissées des pagodes et de leurs murs plus orangés que jaunes. Tout autour de la voûte années trente du marché central, s'amassent les échoppes d'où jaillissent les tissus et les soies dans un camaïeu de roses, de verts, de jaunes et d'autres coloris parsemés de liserés dorés. Sur les étals gisent des brassées de foulards à carreaux rouges et blancs, ces khramars (2) ordinaires que les Khmers portent indifféremment sur la tête ou autour de la taille.

DU CHARME ET DE L'ESPACE

Oui, Phnom Penh revit, et son patrimoine aussi. Désertées par leurs riches propriétaires pendant la tourmente des année 70, les superbes villas de l'avenue Norodom ou des environs de la colline du Phnom ont repris des couleurs et ré-ouvert leurs portes. A l'intérieur, l'état des lieux reste moins accueillant que ne le laisseraient penser les courbures des balcons, les corniches sculptées, les toitures ouvragées et les linteaux

la capitale khmère doit beaucoup aux fleuves qui l'entourent

massifs, mais le charme est réel. Les volumes, les colonnades, les porches, les couloirs carrelés débusqués au détour d'une ballade ravivent les souvenirs de l'époque coloniale pendant laquelle les meilleurs architectes de la métropole se penchèrent sur le berceau de Phnom Penh. Charme provincial de la poste centrale tout juste ravalée, aux fenêtres jadis couvertes de grands stores bicolores bleus et blancs. Charme des rues principales bordées des hauts trottoirs fraîchement badigeonnés de blanc. Charme néo-classique de l'unique bibliothèque ou charme clérical de l'actuelle mairie qui abritait jadis l'évêché de Phnom Penh. Charme surtout d'une ville spacieuse à l'opposé des métropoles congestionnées d'Asie. Ville aux larges avenues où s'engouffre le vent et où l'on peut marcher sans être bousculé.

Lentement, la capitale renoue avec son lustre d'autrefois, au point que les touristes mal informés pourraient presque ignorer les tourmentes passées. Que penser par exemple du somptueux pavillon colonial offert par Napoléon III au roi khmer An Duong qui l'installa dans l'enceinte du Palais Royal? Merveille du baroque impérial que les amateurs d'art peuvent aujourd'hui redécouvrir intacte, à proximité de la Pagode d'Argent. Seuls les vétérans savent que cinq ans plus tôt, le dit pavillon menaçait de crouler gangrené par la rouille.

Douce ville que Phnom Penh dans un si doux paysage. La capitale khmère doit beaucoup de son charme à son environnement et aux fleuves qui l'entourent. Descendu des lointaines terres de Chine, le royal fleuve Mékong rejoint ici le Tonlé Sap et le Tonlé Bassac pour

il y a d'un côté la vraie ville et de l'autre la campagne

former quatre bras dont les eaux, poussées par des courants inverses, viennent s'entrechoquer en fin de saison des pluies. Ces quatre bras ressemblent à un delta où les îlots d'alluvions apparaissent çà et là en fonction des saisons.
Lignes d'horizon de la ville et de ses faubourgs populeux, les eaux fluviales en modulent les teintes au gré de la couleur du ciel. Qu'il soit plombé, roulant de lourds nuages annonciateurs de pluies, et toute la perspective se bouche d'un rideau gris virant à l'anthracite car la mousson est proche. Qu'il soit au contraire clair, lavé par le vent ou la nuit, et Phnom Penh se réveille avec un brasier couvant dans le lointain. Les rayons du soleil, ricochant sur les eaux, caressent d'un pinceau de lumière l'autre rive du Bassac où l'on distingue des groupes de maisonnées.
Les barques de pêcheurs ressemblent à s'y méprendre à des araignées d'eau. Et les bateaux surchargés arrivant de province offrent au visiteur un fouillis coloré et bruyant de marchandises, de vélos, de bétail et de denrées en tout genre.

Dans les plans d'urbanisme de l'époque coloniale pendant laquelle Phnom Penh était considéré comme un laboratoire, l'île de Chrui Changvar située de l'autre côté du Tonle Sap devait prolonger la ville. Mais l'histoire et ses vicissitudes n'ont jamais permis à de nouveaux quartiers de s'y installer. Le fleuve, par lequel descendirent quantité de réfugiés poussés par les batailles, continue aujourd'hui de ceinturer Phnom Penh. Certes, le retour d'une paix relative et la reconstruction du pont japonais qui relie Kompong Cham au sortir de la ville ont favorisé l'éclosion de nouveaux faubourgs, tant du côté de Russey Keo qu'à Kieng Svay, près de la route menant à Saigon. Mais les frontières demeurent. Il y a d'un côté

il faut profiter des ombres et de la fraîcheur des bâtiments centenaires

la vraie ville et de l'autre la campagne aux rizières éclatantes et aux discrètes guinguettes bordant le fleuve où tous les Phnom Penhois aiment à passer le temps. S'y égarer l'espace de quelques heures revient à ressentir cette langueur cambodgienne décrite par tant de romans coloniaux. Passée l'effervescence des villages de pêcheurs vietnamiens, faits de huttes en bambous arrimées avec peine aux berges argileuses menacées d'érosion, un autre Cambodge apparaît. Enroulés dans leurs khramars, hommes, femmes et enfants se baignent dans des gerbes d'eau et des éclats de rire sonores.

ÉCRASÉE DE LUMIÈRE

A l'image des visages de pierre du temple du Bayon à Angkor, l'apparence de Phnom Penh varie à l'unisson de la lumière du jour. Rien n'est plus éprouvant pour les yeux que cette torpeur blanche qui asphyxie la ville quand le soleil l'écrase. La luminosité blafarde aveugle. Elle balaie les nuances de couleurs, noie les perspectives, cuit le bitume. Une sorte de linceul dont n'émergent que les silhouettes pointues des pagodes et du Palais Royal. Comprimés entre le ciel rendu gris par les brumes de chaleur et le sol d'où s'élèvent des nuages de poussière, les quatre bras du Mékong et de ses affluents forment alors comme de longues traînées boueuses. Les marchés sont muets. Les balcons des immeubles dégorgent de dormeurs affalés sur des chaises protégées du soleil par des lambeaux de bâche. Les cyclos ronflent sur les trottoirs et les chauffeurs de moto-taxis se vissent sur le crâne toutes sortes de couvre-chefs, du feutre de Hongrie à la casquette de toile.

On ne se promène pas à Phnom Penh en plein milieu du jour. Mieux vaut s'y embarquer de

derrière le sourire khmer, Phnom Penh cache une succession de tragédies

bonne heure le matin, ou dès que le soleil décline pour saisir les contrastes, profiter des ombres, dérober la fraîcheur des bâtiments centenaires dont les murs épais et les très hauts plafonds absorbent cette chaleur qui assomme au-dehors. C' est à cette heure choisie de fin d' après-midi que les Khmers aiment flâner et venir s' échouer sur les berges du fleuve. Assis sur des nattes posées à même le sol, ils dégustent des jus de canne à sucre broyée, proposés par des vendeurs ambulants aux comptoirs peints de couleurs criardes. C' est au contraire très tôt, à la jointure de l' aube et du petit matin, que les bonzes déambulent aux abords des marchés pour recueillir les offrandes. Ils y croisent les villageois venus en bicyclette ou en charette à chevaux. Une ou deux heures auparavant, les gardes armés qui continuent de surveiller les voies d' accès pendant la nuit, ont levé leurs barrières et ramené dans les fossés les mines dont ils se servent pour entraver la route. Affalés sur des hamacs tendus entre deux arbres, les policiers somnolent, avant d'extorquer parfois leur ration de riz quotidien.

DES TRAGÉDIES CACHÉES

Les Phnom Penhois parlent volontiers de ce genre de racket. Depuis de longues années, ils font partie intégrante de leur vie, et Phnom Penh, peu à peu, a du apprendre à s' en accommoder. Malgré les progrès de la paix, la guerre larvée en dehors de la capitale continue à gangrener un Cambodge toujours en proie à l' insécurité. Les quartiers populaires, aux rues trouées d' ornières et privées de bitume, affichent souvent une misère crue aux fenêtres et sur les trottoirs. Il n' y a pas qu' à Phnom Penh que des tas d' immondices traînent sur le bas-côté des voies retirées des grands axes. Mais ici, ils témoignent de plaies

dans ce paysage rural, Phnom Penh a du attendre longtemps pour s'imposer

longues à panser. Assiégée durant de longues années par les Khmers Rouges, puis vidée entièrement de sa population en Avril 1975, avant d'être pillée, violée, dynamitée, Phnom Penh cache une succession de tragédies derrière le sourire de son peuple.
Il suffit de circuler de nuit pour comprendre que ces drames d'hier sont encore proches. Passé minuit, Phnom Penh garde une retenue certaine, loin de l'agitation nocturne de Saigon, loin aussi de son passé mondain qui lui valut tant d'articles de presse dans les années 60. C'est la preuve de l'incertitude dont le Cambodge risque encore de faire les frais longtemps.

Mais de telles blessures, fruit de drames successifs, ne font-elles pas au fond partie de son identité? Cité fondée par les souverains d'Angkor, puis développée par les Français au nom de l'Empire Colonial, Phnom Penh semble avoir ces traumatismes ancrés dans sa mémoire. N'est-elle pas au départ une capitale refuge, choisie par des rois khmers militairement défaits? N'est-elle pas la capitale par défaut d'un empire écroulé qui l'élut comme chef-lieu parce que ses voies fluviales assuraient à ses maîtres une possibilité de fuite? La mélancolie perce assez facilement dans cette ville longtemps plus administrative que vraiment politique, et tenue trop souvent à l'écart de son propre destin. Voulait-on, sous le protectorat français, poursuivre quelques études dignes de ce nom? C'est à Saigon que l'on devait partir et le roi Sihanouk, envoyé étudier au lycée Chasseloup Laubat de la "belle colonie", en fut, avant de monter sur le trône du Cambodge à l'appel de Paris, l'un des meilleurs exemples. Fallait-il, pour les missionnaires français de l'époque coloniale, envisager d'apporter la bonne parole à Phnom Penh et d'y enraciner l'Eglise? Le séminaire

les constructions étaient solides avant d'être charmantes

de Saigon et la pratique courante de la langue vietnamienne constituaient là aussi jusqu'aux années 1960 l'impératif examen de passage. Dans ce pays rural aux rares infrastructures, Phnom Penh dut attendre 1953, date de l'indépendance, avant de s'imposer comme capitale. Les Khmers Rouges, apôtres tyranniques du peuple "nouveau" des campagnes, lui firent payer très cher cet affront deux décennies plus tard.

Dans un pays amateur d'épopées et de contes victorieux comme en témoignent certains bas-reliefs d'Angkor Vat, Phnom Penh a parfois souffert d'être une pièce rapportée. Elle n'a à son actif que le fait d'avoir été pimpante et bonne ambassadrice des années Sihanouk, durant lesquelles la presse et les observateurs comparaient le royaume à un "îlot tranquille" épargné par les flammes de la guerre du Vietnam.

Cette frustation remonte aux origines car c'est d'un pays en miettes que la ville hérita en succession d'Oudong,70 kilomètres plus au nord, ancienne capitale du roi khmer An Duong. La chute d'Oudong, prise par les Siamois, en dit long sur la déliquescence du régime cambodgien d'alors. Retranchés derrière des haies de broussailles et de bambous, les Khmers résistaient depuis des mois sans perdre de terrain lorsque leurs ennemis thaïlandais eurent un trait de génie. Ils lancèrent vers eux des quantités de pièces d'argent qui vinrent se perdre dans les fourrés protecteurs. Les Khmers, plus avides que stratèges, s'empressèrent de couper les haies pour se saisir des pièces. Oudong tomba. Palais et pagodes furent incendiées. Cette défaite fut à l'origine de l'actuelle capitale qui tire son nom sonore d'une certaine madame Penh, bouddhiste pieuse, qui érigea au 15ème siècle au sommet de la colline du Phnom une pagode qui y demeure encore.

LA MÉMOIRE DES PIERRES

Restée toujours de taille relativement modeste, la ville est d'abord à la mesure d'un pays bien moins peuplé que ses deux grands voisins, le Vietnam et la Thailande. Et son architecture aussi concourt à cette modestie. Tirée au cordeau par les colons français qui conquérirent une sorte de bourgade hérissée d'un palais et de quelques maisons, la cité n'a jamais possédé de grands bâtiments phares au style rococo et aux décorations rivales de celles de la métropole. Exceptés quelques constructions davantage ouvragées comme l'actuelle ambassade du Japon ou les bureaux de l'UNESCO face au Palais Royal, on y bâtit carré, dans le plus pur style IIIe République: murs épais, percés de grandes fenêtres ouvrant à l'intérieur sur des salles dépouillées qui parfois rappellent celles des églises romanes. Ces constructions utiles étaient solides avant d'être charmantes. Protectorat oblige, les frontons et les sigles de la république n'eurent pas de place ici. Sur tout le territoire, la France omniprésente préférait s'assurer du lucratif contrôle des grandes plantations et des essences rares des forêts lointaines. Même l'Hôtel Royal, perle de l'ancienne avenue Joffre considérée alors comme l'artère "coloniale" du protectorat, possède ce côté sommaire des constructions massives : un escalier large et rustique, une allure châtelaine sans fioritures. Ici, on construisait moins pour plaire que pour durer.

ici, on construisait moins pour plaire que pour durer

D'autres bâtiments n'ont pas survécu pas aux tempêtes de l'histoire. La cathédrale, construite dans les années 1930 le long de l'avenue Monivong, fait partie de ceux-là et l'on imagine mal aujourd'hui qu'elle se dressait à l'endroit où se tient maintenant la station nationale des télécommunications. Deux tours de béton ajourées dominaient les lieux,

une cité à part où sont massés les temples et les espaces verts

toisant de leur hauteur la voûte du marché central et la gare voisine. Les Khmers Rouges, qui s'étaient jurés de tuer les religions, la détruisirent dès leur prise du pouvoir. Ils laissèrent toutefois intact le spacieux bâtiment de l'évêché voisin transformé par la suite en Hôtel de Ville.

La cathédrale jouait dans la ville le rôle symbolique de pivot entre les races et les quartiers. A sa gauche, formant une sorte de triangle entre l'avenue Joffre, le Phnom et l'ancienne Ambassade de France se trouvait le quartier français, rempli de belles maisons cossues aux jardins débordants de bougainvillées blanches, dans lesquelles travaillaient de zélés domestiques annamites. Ces demeures aujourd'hui dévastées commencent à laisser la place à des constructions neuves et "l'avenue des Français", qui reliait le Phnom à l'esplanade du pont de Chrouy Changvar, n'est plus qu'un souvenir.
A la droite de l'église se trouvaient les quartiers indigènes : de l'enclave chinoise aux abords des marchés, au quartier cambodgien tout autour du palais. Les Vietnamiens, pêcheurs, ouvriers ou employés de maison, occupaient les faubourgs et la digue du petit lac Boeng Kak, le long des voies du chemin de fer. Seuls les "chams" musulmans, lointains ancêtres du royaume de Danang, se sont évertués à garder leurs distances en s'installant hors du périmètre urbain, près du lieu-dit de Chrang Chamres sur la route de Battambang.

IDENTITÉ ET SOUVERAINETÉ

Partie des rives du fleuve pour s'étendre vers l'ouest jusqu'au Stade Olympique et vers le sud jusqu'à la résidence royale de Chamcar Mon, la ville cambodgienne est aujourd'hui

la présence de l'ONU a permis à la cité de se remettre debout

encore une cité à part, où sont massés les temples et de rares espaces verts. C'est ici, regroupés autour du palais, que s'agrégeaient le siège du pouvoir officiel, les administrations et l'écrin culturel que constitue encore le Musée National qui porta très longtemps le nom d'Albert Sarraut. Quartier cambodgien dont les Français, tenus de respecter la souveraineté locale, s'évertuèrent à préserver les caratéristiques. D'où le penchant heureux pour une architecture mâtinée de références locales. Oeuvres de bâtisseurs français soucieux de remplacer l'ancien Palais de bois des souverains cambodgiens, l'actuel Palais Royal incarne ce métissage réussi de deux cultures qui, pendant près d'un siècle, se cotoyèrent sans jamais s'unir vraiment. A l'opposé de Saigon où l'étendard français balaya tout le reste dans une large partie de l'agglomération.

Faut-il retenir cet aspect de l'histoire de Phnom Penh, cité nonchalante et affable destinée à redevenir une escale touristique de choix? Ou faut-il au contraire garder gravées en tête ces périodes tragiques qui font d'elle une ville à jamais crucifiée? Images gaies de rues animées, de villas confortables, d'une capitale en chantier à qui la venue de l'ONU, puis le retour promis à la stabilité, redonne peu à peu l'aspect d'une ville normale. Ou bien clichés fatidiques de cet exode fatal d'avril 1975, et de l'abîme humain qui s'ensuivit. Par endroits le regard passe subitement d'une joyeuse demeure rénovée à une rue défoncée aux habitations insalubres. Mieux vaut, dans ce cas, pris de vertige, s'asseoir au bord du fleuve et regarder tomber le soleil du soir sur le Palais Royal.

---

(1) Citation de Michel Igout dans "Phnom Penh d'hier et d'aujourdhui" White Lotus, Bangkok.
(2) Echarpe traditionelle khmère.

Phnom Penh ressemble alors à ces toiles naïves peintes par les étudiants de l'Ecole des Beaux-Arts. D'un pinceau agile, abusant des tons rouges et orangés, ces artistes futurs aiment à dessiner un Cambodge idyllique d'il y a plusieurs siècles, où des femmes charnues prennent la douche d'un soir face aux temples d'Angkor. Image tendre d'une époque révolue. Image dont nombre de Khmers cultivent, faute de mieux, une nostalgie tenace. Comme si en dépit des sourires et des couleurs ravivées par la paix, la capitale khmère ne pouvait se défaire de l'ombre tutélaire du grand royaume blessé.

a r c h i t e c t u r e

Haut: *"Cette ville est cornue, (...) une forêt de serpents célestes et une mosaïque de tuiles de couleur." Guy de Pourtales - 1931.*

Pages précédentes: *Ces ombres au couchant, sur l'étang Boeng Tompun au sud de la ville, rappellent que l'eau est l'élément essentiel du paysage de la capitale.*

Bleu d'azur et ocre chaleureux des villes méditéranéennes, le quartier du quai Sisovath peut rappeler au promeneur occidental des souvenirs familiers.

Le calme des lotus dans l'enceinte du Musée National. Construit en 1918 dans le prolongement de l'Ecole des Beaux-Arts, le musée est dédié à l'art khmer et renferme des trésors du début du millénaire.

Succession des styles colonial et khmer avec cette villa superbement restaurée qui fait face au Palais Royal.

Haut: *Ces maisons de bois au bleu caractéristique forment l'habitat traditionnel. Elles sont baignées par le Tonlé Bassac une majeure partie de l'année et ne sont accessibles qu'en barque.*

Gauche: *Reliant la gare au Tonlé Sap, ce boulevard aux jardins majestueux révèle le travail des urbanistes.*

Devant les colonnades de cet ancien bâtiment du protectorat, aujourd'hui Ministère de la Justice, un nouveau drapeau flotte, symbole de l'unité retrouvée.

Sur ces vieux carrelages résonnent encore les pas des administrateurs français qui bâtirent à la fin du siècle dernier le Cambodge nouveau.

De nombreuses villas ont été magnifiquement restaurées depuis 1991. Elles donnent à la ville un charme tout provincial que la végétation tropicale, ici un palmier du voyageur, rend plus agréable encore.

Le classicisme des bâtiments se retrouve jusque dans les ouvrages de forge ou les céramiques murales que les artisans cambodgiens continuent d'utiliser aujourd'hui.

Ce bâtiment au patio enfoui dans la verdure abritait autrefois le tribunal. Il est devenu l'hôtel Renaksé dont la situation privilégiée - en face de la Pagode d'Argent - fait le bonheur de ses visiteurs.

Aux missions diplomatiques et autres équipes de journalistes ont succédé, dans la piscine du fameux Hôtel Royal, des classes entières de jeunes écoliers rieurs.

Cette girouette surplombant le clocheton d'une maison de maître rappelle sans équivoque la condition fluviale de Phnom Penh.

Haut: *Cette maison aux abords du Tonlé Bassac est traditionnelle des demeures des riches commerçants annamites des années 30. Au rococo du style colonial on rajoutait des ornements orientaux. La porte d'entrée doublée des "barres" de fermeture chinoises en est un exemple remarquable.*

Bas: *Les ombres des ouvrages de jadis s'allongent sur les rues et les cours de la cité.*

Détails d'architecture coloniale au style plus anglo-normand que tropical.

Gauche: *Les frangipaniers ornent boulevards et jardins partout dans la ville et les motifs des céramiques extérieures des bâtisses s'en inspirent naturellement.*

Droite: *Le Pavillon offert par Napoléon III au roi Norodom en 1870 a été soigneusement restauré en 1991.*

Cité marchande, Phnom Penh s'est développée par le commerce. L'urbanisme des quartiers préservés, ici autour de la poste centrale, rappelle celui des grands comptoirs du début du siècle.

Haut: *Sampots écarlates des danseuses du Ballet Royal sur fond de tuiles vernissées de la Pagode d'Argent, l'enceinte du palais royal demeure riche de traditions.*

Droite: *Les plus jolies demeures ont souvent du changer de propriétaire mais une couche de peinture suffirait à réveiller leur charme.*

"Phnom Penh est la capitale modérée qui convient à ce pays pastoral (...): une ville d'avenues, de jardins, de fleurs." Guy de Pourtalès - Nous à qui rien n'appartient - 1931.

Droite: *Jardin marécageux sur l'île de Chrouy Changvar. A l'écart des rues, la nature ne se fait pas prier pour imposer son rythme et ses droits.*

Page suivante: *Séchage des bâtonnets d'encens dans la cour d'un artisan.*

t r a d i t i o n s

Derrière le traditionnel sourire khmer… se décline la palette des ocres cambodgiennes, du rouille de la poussière aux jaunes des murs, du mordoré des peaux à l'orangé de la lumière de fin de journée.

Il sont nés après la tourmente. Et ils conjuguent avec bonheur cette paix retrouvée…

Comme dans de nombreuses cités asiatiques, c'est dans les marchés que bat dès l'aube le coeur de la capitale khmère.

Gauche: *"Le visage tout blanc de fard et les yeux allongés artificiellement, elle porte une très haute tiare d'or, mouchetée de rubis, dont la pointe s'effile comme celle d'une pagode, et, aux épaules, des espèces d'ailerons en or et pierreries." Pierre Loti, 1901.*

Droite: *Il a fallu dix ans pour remettre sur pied un ballet digne de ce nom. Dix ans pour réapprendre des gestes millénaires…*

Doucement, le son d'un violoncelle fuse d'une bâtisse. Tous les endroits sont bons, à Phnom Penh, pour réapprendre à vivre.

Angkor demeure pour chacun le symbole de la grandeur khmère et les étudiants de l'Ecole des Beaux Arts ne sont pas en reste de représentations.

La capitale cambodgienne est entourée de champs et vit au rythme des saisons et des récoltes. Pour le sucre de palme, les hommes trompent quotidiennement la mort au sommet d'interminables échelles de bambous.

La préparation des bâtons d'encens reste un travail de minutie et de patience. D'un côté la poudre jaune, de l'autre la teinture pourpre, et le soleil sèche l'ensemble.

Une partie de pétanque sur l'avenue de la gare donne à la ville des allures provençales.

Haut: *"Il n'y a pas de roses sans épines", en français sur l'avant-bras, pourrait-elle servir de devise à Phnom Penh?*

Bas: *Elle aussi a survécu au pire. Mais avant de prendre sa retraite méritée, cette 2 chevaux risque d'être encore mise souvent à contribution.*

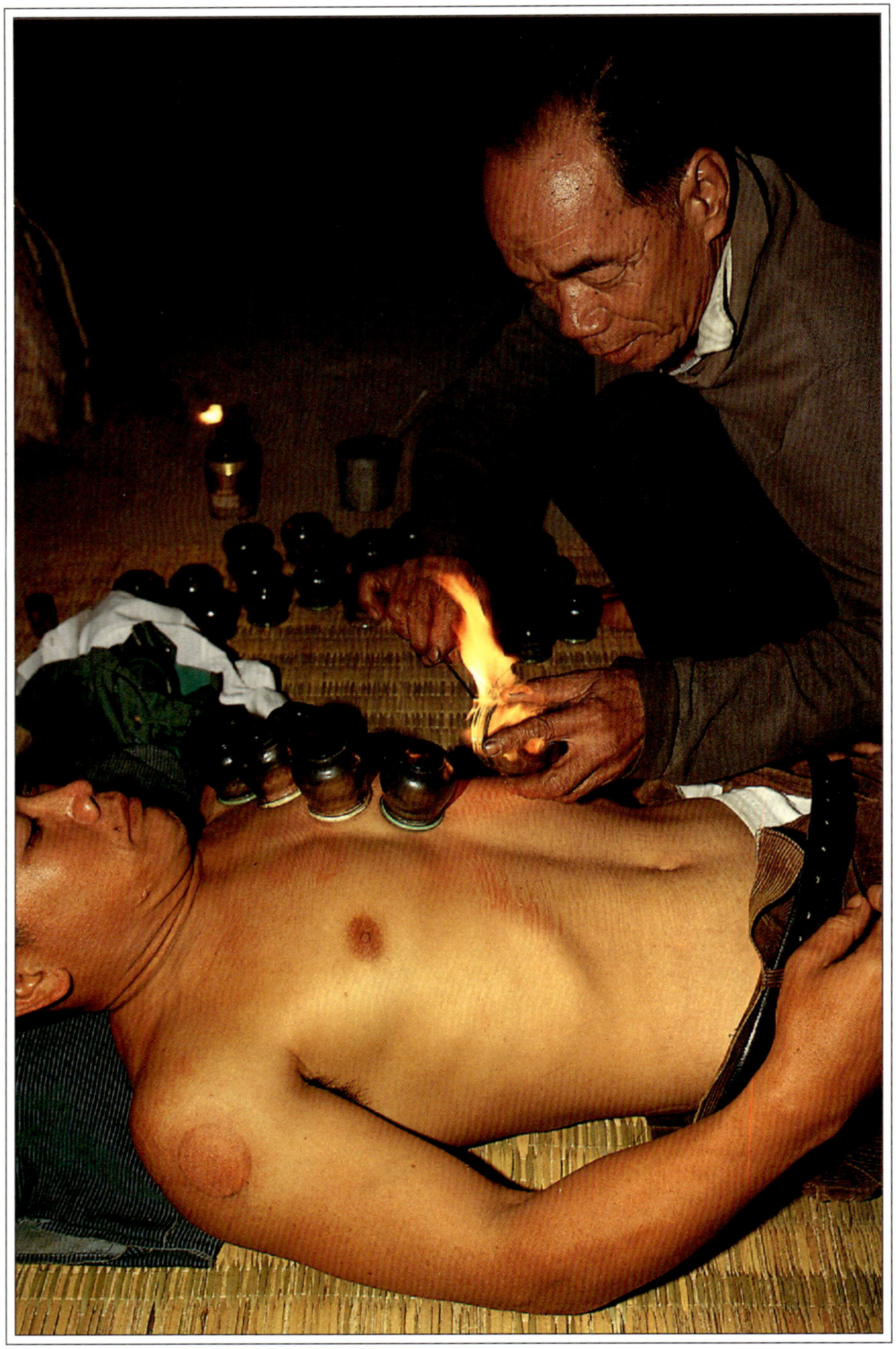

Enracinée dans la culture, la médecine traditionnelle est le premier recours des gens démunis. Pratiquée dans la rue, l'application de ventouses pour soigner une grippe est spectaculaire.

Les berges du Mékong et les rues de la ville sont un étalage continu de petits métiers, comme ici une marchande de jus de canne à sucre broyée ou ce coiffeur à l'échoppe sommaire.

Gauche: *Joie du chahut en plein coeur de la saison des pluies dans un trou d'eau du bord du Tonlé Sap.*

Droite: *Sérieux du ballet pour cette débutante exécutant la danse de la colombe, symbole de l'espoir de paix. La danse n'est plus aujourd'hui réservée à la cour mais revient dans les écoles et maisons, comme ici lors d'une fête privée dans l'orphelinat de Krousar Thmey.*

Gauche: *Ville carrefour, Phnom Penh a su accueillir des populations diverses, tel ici ce musulman de l'ethnie Cham installée principalement au sud du Mékong.*

Droite: *le vélo demeure un moyen de déplacement autant qu'un véhicule commercial, et l'âge du chauffeur importe peu.*

Le cyclo-pousse est la clé du transport urbain et peut embarquer toute une famille.

Page suivante:*"J'ai vu subitement le Cambodge dans la personne d'un bonze (...), chargé de rappeler au passant le néant de tout" Guy de Pourtalès - 1931*

r e l i g i o n

Haut: *Une pagode dénudée sert de refuge aux enfants, quand le soleil de la mi-journée surchauffe les rues.*

Pages précédentes: *Le renouveau du bouddhisme khmer se traduit par l'affluence de novices dans les pagodes ou dans les centres de formation, comme ici ces nonnes en apprentissage.*

La fresque du Ramayana qui décore l'enceinte de la pagode d'Argent est longue de plusieurs centaines de mètres. Restaurés en 1992, certains de ses éléments pourraient tout aussi bien illustrer la vie cambodgienne d'aujourd'hui.

Petit matin autour d'une pagode. Ici comme dans toute la région, les bonzes partent dès l'aube recueillir les offrandes pour leur nourriture quotidienne.

Tonsure et encens sont deux éléments significatifs de la religion bouddhiste.

Pagode dans le centre ville. Autour du temple principal sont regroupés les habitations des moines, les centres d'enseignement ainsi que les temples destinés aux cérémonies.

Une novice a pour charge de veiller à l'entretien des représentations de bouddhas.

L'ampleur des bâtiments de la Pagode Royale inspire calme et sérénité.

Les portes d'entrée finement ciselées de la Pagode d'Argent. Elle doit son nom aux cinq tonnes de pavés d'argent massif qui recouvrent le sol.

L'intérieur richement décoré du Wat Phnom, qui donne son nom à la ville. Il aurait été érigé par une femme d'un haut rang et d'une grande piété, nommée Penh. Il constitue le point le plus élevé de la capitale.

Haut: *Ombres géométriques des stupas sur une pagode de l'île Chhrouy Changvar, entre le Tonlé Sap et le Mékong.*

Gauche: *D'un côté à l'autre de la ville, les temples donnent une image variée du Bouddhisme khmer. Ici cette majestueuse résidence commune témoigne de la vitalité de la paroisse.*

Les pagodes côtoient les maisons coloniales en plein cœur de la ville. Les moines ont su profiter de cette proximité pour occuper ces bâtisses souvent en piteux état et en faire leur lieux de résidence.

Symboles de l'espoir du pays, les temples de Phnom Penh une fois restaurés sont soigneusement maintenus en bon état.

Sur le boulevard Sihanouk, le majestueux ombrage d'un arbre sacré offre au passant sa fraîcheur. A l'occasion des fêtes religieuses c'est une foule immense qui se presse autour de ces géants aussi vieux que la ville.

Wana, orphelin et aveugle, a passé toute sa vie dans les camps de refugiés et a pu enfin découvrir sa ville et ses racines en 1993. Il prie pour la première fois au Wat Phnom.

présentation des sponsors

A.D.T.K., l'Association pour le Développement du Tourisme Khmer en France, mandataire du Ministère du Tourisme du Royaume du Cambodge souhaite relever un défi : redonner à Phnom Penh, son rôle de carrefour d'échanges culturels, commerciaux, artisanaux et touristiques.
L'Association a pour but de contribuer au développement du Tourisme Khmer, pour cela elle vis à :
- Amener les acteurs du tourism cambodgien à un niveau de formation européen,
- Orienter les organismes touristiques du Royaume du Cambodge dans leur politique de communication et de promotion en France,
- Faire redécouvrir la culture khmère,
- Organiser des séminaires sur le tourisme et sa politique de développement, des colloques sur des sujets culturels,
- Mettre en place des formations en alternance pour les jeunes,
- Proposer des stages de perfectionnement pour adultes.

A.D.T.K.
2 square Philippe Lebon, 77 185 Lognes
Tél. et Fax : 60 06 35 96

Dans le cadre de la réhabilitation et du développement de Phnom Penh, architectes, urbanistes et administrateurs ont pour souci d'appréhender le présent et de concevoir le futur comme la conjonction des divers paramètres qui régissent le tissu urbain dans son état actuel et dont la transformation harmonieuse conditionnera la réussite du travail entrepris.

Pour faciliter cette démarche et fournir un outil capable de répondre à plusieurs exigences, IGN FRANCE INTERNATIONAL, filiale export de l'Institut Géographique National a réalisé en 1995 la cartographie précise et détaillée (échelles : 1/2.000, 1/5.000, 1/10.000) de la ville de Phnom Penh.

Chaque mois à Phnom Penh, à Saigon, à Vientiane, à Hanoi ou à Rangoun, LE MEKONG ouvre son grand dossier culturel, son supplément économique, ses chroniques régionales, ses pages d'actualités de la Péninsule et ses séquences tourisme aux plumes des meilleurs journalistes et écrivains que la région passionne. Toujours avec une règle d'or, informer les lecteurs au plus près de la réalité locale.
LE MEKONG, journal en langue française de l'Asie du Sud-Est, est aussi disponible en France en kiosque ou par abonnement.

Le Mékong (siège): 26 CD rue 302-BP 627 à Phnom Penh, Cambodge. Prix au numéro 250 riels.
Le Mékong Europe : 30 rue Saint-Lazare 75009 Paris, France. Prix au numéro 25 Frs, abonnement annuel 395 Frs. Tél: (1) 53 20 00 01 Fax: (1) 53 20 00 70

Xtra image est une société assurant la production complète de brochures, des travaux de mise en page, photographie industrielle et publicitaire ainsi que la retouche photographique sur ordinateur. Xtra image à lancé une série de guides de poches sur l'Asie du sud-est appelée "The Great Little Guide".
Xtra image est à Bangkok, fax 662-275 2585